Erschienen November 1987

**Verlag Annette Ayasse
   Schlierenstrasse 17
   CH-8142 Uitikon/Zürich**

Zeichnungen: Wolfgang Fratzscher, Hamburg
Alle Rechte vorbehalten,
insbesondere das des auszugsweisen Abdrucks
Satz: Optisatz, Zürich
Lithos: NC, Zürich
Druck: Stark-Druck KG, Pforzheim
Printed in Germany
ISBN 3 9053 7603 2

Meerwind

Gedichte

Annette Christener-Ayasse

Mit Zeichnungen von
Wolfgang Fratzscher

Inhalt

Erdstösse	7
Abschiede	17
Wanderjahre	27
Schwarzer Regen	37
Wegwunden	45
Glücksspuren	55
Sternstunden	65
Traumlichtungen	73
Mondrausch	81
Meerwind	89
Wellenrollen	97
Morgengesang	107

Erdstösse

*Du meine wilde Seele,
trägst ein Lied in dir,
das keiner je gesungen,
das nachtbehimmelt
zum Kanon der Sterne
im Blute nur erklingt*

*Nicht weiss ich,
woher der Ruf kommt,
noch wohin er geht,
noch kenn ich seine Sprache
Nur dies weiss ich:
Ihm zu folgen,
das ganze Leben,
ist mir aufgegeben*

Ich schenke
Ich schenke dir
meine Träume des Tiefschlafs,
verhüllt in weisser Seide,
darunter es pocht
und stösst und drängt
und will hinaus
Es ist noch
so viel zu leben

Hände wachsen mir überall
Sie tragen die Fackeln
der Leidenschaft
über alle Grenzen,
immer weiter,
mitten ins Nirgendwo
des Garten Eden

*Ich schreibe im Lebensrausch
und hoffe, nicht
eingesperrt zu werden
wegen Trunkenheit
an der Feder*

HERZBRAND
Das Feuer,
das liebt in mir
und das mich nährt,
das flackert
in stiller Ekstase
Tag für Nacht
in meiner Brust
Herzbrand, nichtmehr
und durch nichts zu löschen

*Manche Schreie
verhallen nie,
kommen immer wieder
mit den Herbststürmen,
werden zum Orkan
und reissen dich nieder,
solange bis du tust,
WAS DAS DEINE IST*

EIN GANZER HIMMEL AUS FEUER
reisst mir die Hände auf
und brennt in mein Fleisch
die Initialen der Erde,
damit ich weitertrage
ihren Schmerz,
anzurufen den Menschen
um Hilfe

Abschiede

*Da stockt der Atem
Wenn die Bremsen
nichtmehr funktionieren,
wenn der Balkon
kein Geländer hat,
und wenn du nach
dem Aufprall feststellst,
dass du noch gar nicht
geboren bist*

ERDSTÖSSE
Flutwellen rollen auf mich zu
Neues Land hebt sich
aus dem Meer

Ein kurzes Aufbäumen,
für ein Stossgebet ist noch Zeit
Sturmwellen
Atemwellen

Die Strömung erfasst mich,
sie bricht sich an den Klippen
und wirbelt mich
durch die Luft

Sanfte Landung
auf heisser Vulkanerde,
ich finde mich wieder auf
einer eben geborenen Insel

Aber Flaschenpost zeigt mir,
dass ich trotz allem
Mensch unter
Menschen bin

*Aus der Zeit gefallen
in blühender Nacht
Seit morgen weiss ich,
was gestern sein wird*

*Ferne Empfindungen,
erste Erinnerungen,
und ein Lichtsturz
am Steilhang*

*Ich besteige
die höchsten Gipfel,
von dort hinabzurollen
Stein um Stein
Um zu versenken,
was weiterzutragen
mir die Kraft fehlt,
um leicht zu werden
für die Wunder
der Wandlungen,
um leer zu werden
für die Fülle des Lebens*

*Neue Spiele braucht der Mensch
Spiele ohne Regeln,
damit er fällt und
spürt was ihn hält*

*Und fallen soll er
über alle Stufen ins Meer,
dass er darin finde
seine wahren Lebensgründe*

*Zwischen den Jahren
Der Stundenschlag
und Glockengeläut
Ende und Neubeginn,
die Flüsse fliessen weiter*

*Ein feines Zittern in mir,
das zum Beben wird
und zum Tanz an die Freude
Feiern wir
das Geschenk des Lebens*

*Geburt eines Morgens,
der zurückkehrt
aus vergangener Zeit
Der alles Kommende
in seinen Armen hält
und nichts mir zeigt
Der schweigend weitergeht,
dass ich ihm folge,
mich ergebend in Liebe*

*Gestorben wird
von innen heraus,
dieser schleichende Tod,
der sich hineinfrisst ins Leben
und den Menschen,
so wie er gedacht war,
unmöglich macht*

*In manchen Köpfen aber
schwelt noch lange
die unheilbare Erinnerung
an das, was hätte sein können*

Wanderjahre

*Am Ende der Strasse
beginnt ein unvermessenes Land
Es ist dein Land,
aber es gehört dir nicht
Du kannst es nur durchwandern
und dann weitergehen*

*Bin Wildnis
Jede Grenze
ist mir zu nah
Jedes Gefäss
ist mir zu klein
Meine Asche wird
jede Urne sprengen*

WANDERJAHRE
Von einer, die auszog,
ihren Hunger zu stillen
Nackt bis auf die Sprache,
mit nichts als einer
Handvoll Samen,
auf der Suche nach
fruchtbarer Erde
und einem Regengott

*Ich lebe querfeldein,
aber die Richtung
stets klar vor Augen
Ich laufe ins Licht,
aber nur so schnell,
wie das Kind in mir
folgen kann
Ich springe höher
und falle ganz tief
in die Erde zurück,
um andernorts
wieder aufzutauchen*

WINDGEBURT
Eine Kerze bläst
die Zeit aus
Ich taufe dich Lilie

*Überm Herzland
Rosenduft
und Vollmondschnee*

*Vorfrühlingslieder,
gehaucht, geflüstert,
nichtmehr besingbar*

*Fernes Glockenläuten
trägt auf Händen
tausend Jahre Liebe*

*Ich spinne mich
an zarten Fäden
hinauf in weiche Lüfte,
mische mich unter
herbstliche Blattspiele
und falle in ein
verlassenes Schwalbennest
Ich suche dich
zwischen Haut und Traum
und verwobenen Zweigen
So vieles ist
noch ungezwitschert*

*Fernweh nach dir
Unter weiss
gefiederter Brust
pocht mein Herzschlag*

*Andere Himmel gibt's
und doch überall
nur den einen:
Lieben und Geliebtwerden*

Schwarzer Regen

Hörst du das schallende
Klappern der Hufe?
SIE KOMMEN
Sie brechen die Rose

Du zitterst
beim Schlafgelächter

Unter heissgelaufenen Sohlen
ERDE,
die niemand mehr beweint

MENSCH
Und jetzt dein Aufstand
für das Leben!
Sonst überholt dich die Zeit
beim Sturzflug
in die goldenen Fallen
der Sachzwänge

Und wenn uns alles
nichtmehr berührt
Tauben aus schwarzem Regen

Zukunft, zermalmt
unter den Hufen
vor ihrer Zeit

Es bleibt das Entsetzen
eines Planeten, dem zu reden
nicht gegeben ist

TAUBEN AUS SCHWARZEM REGEN

*Ihr habt die Wege begradigt,
die Flüsse begradigt,
die Himmel begradigt
Und jetzt suchen eure Herzen
vergeblich nach einem Halt*

Lauf, Erde, lauf,
DIE MENSCHEN SIND LOS
Sie stürmen die Paläste,
sie plündern die Schätze,
sie reiten davon
und kein Blick zurück

Von nacktem Gezweig aber
tropft noch Blut
Meine Erde mein Leben
Möge dir die Zeit gelingen

Wegwunder

Mein Herz
Nicht zerbrochen
aufgebrochen
blutend
hautlos
schutzlos

*Die Hände wundgerieben
an den Glockenseilen
Gebet doch, ihr Götter,
eure Kraft den Lebenden
in dieser Welt*

SIEMPRE

*Noch im Tod
werd ich dich küssen,
erdabwärts,
mit Lippen aus Tiefe
und Händen aus Asche,
so gross wie das Land,
das brannte unter der Sonne
immer und immer
für dich*

*Sie geht über die
Brücke aus Traum,
hinüber zu den Teichen
Sie lässt ein Boot
ins Wasser
Sie wirft aus ihre Netze,
aus Blut gewoben
Das Wasser färbt sich rot
Sie badet darin
Sie taucht unter
Das Boot schwappt ans Ufer
Im schwankenden Schilf
raschelt Dunkles*

*Liebe, du Unergründliche,
dein Dunkel wirft mich ans Licht
Dein Durst löscht mir die Lippen,
wenn du vorüberträgst die Schale,
gefüllt mit Tränen, die suchen
ein Auge, das sie weint*

SOMMERSONNENWENDE
Aus der Tiefe des Tales
wachsen die Schatten,
unerbittlich wehen
die Gesetze der Zeit
und werfen sich
gegen die Herzwand

*Stromausfall
während der Operation
am freigelegten Herzen
Das Skalpell ritzt
durchs Dunkel
ins Auge ein Licht
von der anderen Seite
des Menschen*

*Und plötzlich bricht
Leben durch,
reisst Tränen
und Fenster auf
und rennt hinaus,
um allen mitzuteilen,
was sich ereignete
in der dunkelsten Stunde*

Glücksspuren

*Flussüberquerung
auf roten Schuhen
Ich rief einen Stern,
mir zu leuchten,
da kam ein ganzer Himmel
Nie verlier ich,
der Wunder zu glauben*

*Wir treffen uns wieder
unterm Dach der Morgenröte,
erweckt vom Zaubertrank
der Poesie*

*Wenn du mir küsst
von der Stirn
silberne Tauperlen und
das Lächeln meiner Seele*

*Wir treffen uns wieder
und fallen Herz an Herz
ins Lichtmeer
kommender Tage*

*Nocheinmal
den Brautschleier tragen,
den Tau der Frühe
im flaumigen Gefieder,
und vor Liebe
schwer die Lider*

*Ich lecke mir die Flanken
beim Sommergeplauder der Vögel
und verkrieche mich
im buschigen Schwanz
meiner Phantasie*

*Kein weiteres Lied
als das der Freude,
gerichtet ans Leben,
das grössere Tage webt,
wenn man sie ruft*

SCHWALBENSOMMER
Ein Kreisen, ein Suchen,
ein Rufen,
ein Steigen und Fallen
Rhythmen, Ursprünge,
zum Greifen nahe
Und keiner weiss,
wo der Tanz beginnt

RIO DEL FUEGO

*Was mich bespringt,
was mich besingt,
was mich umschäumt
beim Flug über die Zeit
Die nächtlichen Düfte,
die täglichen Feuer
und schwere Wolken,
getränkt mit meiner Liebe
heissen Bluts*

DRAUSSEN
Erdschwer und
leicht wie SEIN
Die Schuhe verloren,
den Kopf verloren,
gerannt, geklettert,
gelaufen, gestolpert
Weglos durchs
Mohnblumenfeld
heimwärts geschwommen

FIESTA

*Andalusien singt
über die Hügel,
Mitternachtssonne
schlägt die Gitarre*

*Durst nach Leben
brennt auf Alabasterlippen,
trocken vom
meergedüfteten Südwind*

*Beim Schlagen
der Kastagnetten
zittert die mit Lust
gegürtelte Taille*

Sternstunden

SOMMERWELLEN
Ich komme und gehe,
die Arme voll Himmel,
die Seele voll Gesang
Tief hängen die Gärten,
und Mohnaugen blühen,
schwarzbewimpert,
dem stillen Licht entlang

*Rauschende Tage
und singende Flüsse
fesseln und lösen mich*

*Tobende Nächte
und Stunden wie Sterne
sind Wunsch und Erfüllung*

*Das leise Fliegen,
das wache Träumen
bei ansteigendem Fieber*

*Ein Suchen, ein Ahnen
Greifbare Schatten
und die Rufe der Magie*

*Das Abenteuer zu sehen,
wohin das Auge
nicht reicht*

*Bin die Nachtschwalbe,
die dich küsst im Fluge,
trunken und getränkt vom
schlaflosen Licht der Sterne*

Die nackten Tage
Meer unter der Haut
Die Gezeiten des Herzens
Das Wellenrollen des Blutes
Das rauschende Stöhnen
aus dem Innern der Muschel

*Ein Schnitt
in den Puls der Dunkelheit
Schwarze Engel
schwimmen an Land
Fliegende Fische
drehen endlose Pirouetten
Menschen ohne Flossen
tanzen im Trommelfieber
Blutiges Licht zerstäubt
in weiten Fontänen
Feuervögel galoppieren
über Wellen aus Rauch
Lichtströme führen
Schattengold,
noch nicht gewaschen*

*Ich hänge über
der Schulter des Mondes
und höre nicht auf,
zu gebären,
ERINNERUNGEN,
die in die Zeit zurückfallen,
Sternenregen,
die niedergehen
über schattigem Land*

ROSAS NEGRAS

Auf der Sonnenseite der Nacht
blühen die dunklen Rosen,
schwer und rot vom Blut,
das singt aus der Tiefe
Ihr schwarzer Duft
verfolgt mich
wie Liebe und Tod

Traumlichtungen

*Über den Lichtungen der Nacht
in Traum gebündelte Stille
Was da huscht
durchs Geäst
im Mondgedämmer*

*IN DER TRAUMSTADT
singen verwunschene Gärten
Kompositionen reinsten Lichts,
Orangen und Zitronen
pflückt der Wind,
und hinter jedem Auge
spielt eine Gitarre*

*In der Traumstadt
liegen Flüsse
im silbernen Dämmer
und tragen Muschelschiffe,
darin Liebende
sich schlafen
den Meeren zu*

*Draussen sitzt in den Zweigen
dürstend die Nacht,
halb Mond und halb Mund,
der dich sucht,
wie der Fluss,
der das Meer nicht findet*

*Wenn ich dich schaue
durchs Fenster des Mondes
und greife deine Hand
mit einem Lächeln,
dann schick ich los
unsere Taube
zu neuen Himmeln*

Tausend Wünsche hat die Nacht,
wenn sie ihr Haar löst
Feuer stehen in Flammen
im Innern der Sonne

Umarmungen verbrennen
und bleiben unübersetzbar,
und kein Schrei
holt sie zurück

*Wir sammeln
im Traumlicht
MONDGESTEIN,
in jedem pocht
der Herzschlag
der Schöpfung*

DANZA DEL AMOR

*Die Nacht deiner Hände
ist voller Sterne,
die fallen in meinen
blauen Garten*

*Über dem Grase
eine Verneigung
vor einem Feuer aus
Pulsschlag und Dasein*

*Und wieviele Rosen
erblühen aus der Asche,
die über der Haut
noch warm verweht*

Mondrausch

*Ich tanze im Mondsturm
über die Dächer,
soweit der Atem trägt,
und stürze mit
brennender Gitarre
in den Ozean der Nacht*

*Deine Lieder,
du Nacht über dem Meere,
sind Düfte aus fernen Gärten,
die aufschlagen ihre Zelte
um mich her*

*Sie ziehen weiter
vor Anbruch des Tages,
Nomaden des Dunkels sind sie,
und kein Auge
hat sie je gesehn*

BLAUE STUNDE
Licht schält sich
aus den Körpern

Dein Atem so leicht
Ich lege dir eine Kette
aus Lippenblüten um den Hals

Der Tag schlägt
ein Aug auf,
das andre fällt wieder zu

Ein wildes Begehren
reisst sich los
von der Kette
und rennt ins Feuer

Rote Glut
erhellt die Nacht
Heisse Asche
wärmt noch nach

Ein wildes Begehren,
brandgezeichnet,
schleicht sich davon
Geh nicht zu weit!

*In der 25. Stunde,
wenn mich nächtens
nichtsmehr hält,
mein Pferd satteln,
ohne Zügel
im Galoppschritt
über die Hügel,
und in deine Arme fallen*

ALEGRIA

Liebe für einen Tag,
für einen Lidschlag,
für eine Sekunde nur
Zwischen Haut und Meer
brennen,
verbrennen
Liebe, die pocht
zwischen den Schläfen
wie zwei rote Gestirne
Zwei rote Gestirne,
die sich entgegenrasen,
einander verfallen
in blinder Obsession
Zwei rote Gestirne,
die erdwärts stürzen,
die tiefe Krater
ins Fleisch schlagen
und sich ins Herz graben
Zwei rote Gestirne,
die zerschellen
an einem Schrei,
früher noch als das Blut
und später als die Nacht

*Wir werden uns verlaufen,
draussen in den Flüssen,
werden im Mondrausch
von Ufer zu Ufer treiben*

*Bis wir finden
eine Spur aus Goldstaub,
beleuchtet von der frühen Sonne,
die aufsteigt aus unserem Himmel*

Meerwind

*Nächtlich steig ich
aus dem Meer,
wenn die Lippen
weicher sind,
aus denen singt die Welt
voll zitternder Begier
in heller Stimme mir*

Bin still wie Mund
Zärtlichkeit tastet sich
hinter die Worte

Ich beträume deine Haut
mit einer warmen
Brise vom Meer

Ich blüh dir unters Lid
ein Aug voll Sommer,
wimpernbeschattet

*Ich heisse Meer,
komme vom Wind,
bin Brandung und Gischt
und zahle mit Muscheln*

INCANTACION DE LA VIDA

*Der Äquator geht mitten
durch mich hindurch
Bin aus Dschungelerde
und feuchter Hitze*

*Tropische Gewächse
verneigen sich
in ihrer leichten Fülle
Knorrige Wurzeln
sind verschlungen
in einer Harmonie aus
Kraft und Zartheit*

*Gefiedertes und Ungefiedertes
schaukelt sich zu
im singenden Zwielicht
voll Zauber und Geheimnis*

*Ein Fliessen,
ein Überfliessen,
aus Süsswasserquellen
werden reissende Ströme,
und alle ziehen
zu dem Punkt,
der am tiefsten liegt*

*Ich werfe mir um
einen Mantel aus Wind
und reite zu dir
auf der Muschel
die ich hob
aus der Tiefe
meiner Sehnsucht*

INSELFRÜHLING

*Sie erzählt dir
von diesem Gehen
durch Düfte,
durch Lüfte,
erzählt dir vom Meerwind,
vom Echo des Palmblatts,
vom Lachen der Zitronen
Sie erzählt dir
mit Flügelzittern
auf der Zunge
von diesem Grün,
das sie fand
Nimm ihre Hand,
sie zeigt dir das Land*

BLAU WIE ICH DICH LIEBE
Blaues Haar, das sich weitet
und zum Himmel wird,
darunter wir umwandern
in blauer Nacht unser Meer
Wir trinken aus Muscheln
den Meerschaum und
schlafen im blauen Schatten
Wir trinken uns vor
in die Gärten des Wassers,
trinken uns bis auf den Grund
Dort blüht die blaue Blume,
deren Musik sich
dem Licht verweigert

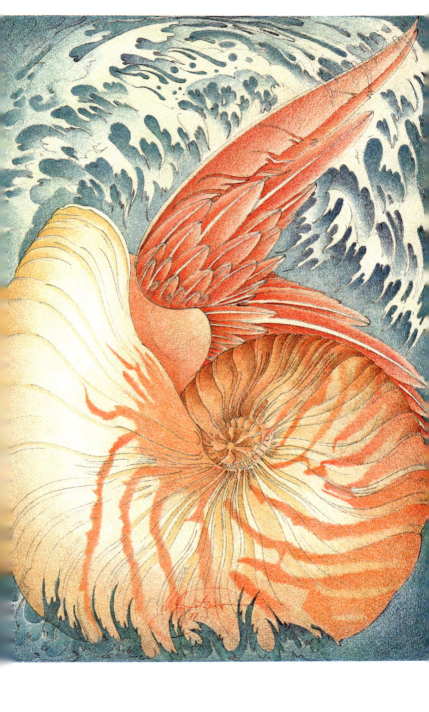

Wellenrollen

*Königin der Nacht
Du wirfst einen Ozean
über Frage und Antwort
Darunter wandern
die Kontinente
und alles ordnet sich neu*

MEIN HERZ,
wenn dir der Abend
schliesst die Lider,
fällt ein Tropfen
Blut ins Meer, ganz leise,
und für einen Wellenschlag
färben sich alle Muscheln rot

Mein Herz,
in dieser Sekunde
steht das Land unter Himmel,
und am andern Ende der Zeit
wird ein Stern geboren,
der deinen Namen trägt

*Wir heben aus dem Meer
eine Stunde Wasser
Wir tragen sie hinauf
ins Hochland,
wo die Menschen
tanzen aus Dankbarkeit
Damit jeder netze
die Lippen
an der KOSTBARKEIT ZEIT*

Du Nachtgeblüht
Ich fächle dir Licht zu
von anderen Sonnen
Die hellsten aller Gestirne
scheinen in mir

*Tag ist mein Name,
und wir sind noch viele,
begierig zu fliessen
mit den Flüssen
zum Wasser hin*

*Aus Zeit wird Meer,
das die Haut befällt
und im blauen Licht
schimmert wie Kristall
und Vergessen*

ZEITWÄSCHE
Die Dünen hinabrollen,
zurück ins Meer
Als einzige Spur
ein paar Luftperlen
Trink mich, Meer,
versenk mich,
lass mich Muschel sein

SCHLAFTAUCHER,
bist du bereit?
Leg dich zur Nacht
und tauche, tauche hinab,
unter die Wellen der Zeit
Eine Meerfrau
nimmt dich zur Hand,
geflammte Möwen
künden ein Feuerland
Schlaftaucher,
bist du bereit?

*Geboren
hinter sieben Winden,
aufgefangen
von Engeln des Feuers,
gebadet
im Blut der Erde,
gekleidet
in Schlangengefieder,
geworfen
in den Himmel der Poesie*

Morgengesang

*Setz dich
auf meine Flügelspitzen
Ich sing dir
einen Morgen ohne Ende
und atme dich
ins tausendknöspige Licht*

MUSICA DEL MAR

*Der Tag liegt im Meer
wie Violinen, deren Haar
sich windet in den Strömen*

*Der Tag liegt im Meer
wie Flöten, deren Lippen
zittern im Tiefenrausch*

*Tag! Bist du Meer noch
oder schon Himmel,
der an Land kommt und*

*im blauen Fieber erzählt,
was sich begibt
hinter Zeiten und Weiten?*

CANTO FELIZ

Bin ein Arm des Meeres,
der sich um dich legt
und deine Ufer überschwemmt
Bin ein Arm des Meeres,
der dich für die Nacht
zur Insel macht
Hör!
In der Brandung die Muschel,
sie weiss dir
so Schönes zu singen

*Nein, sie lebt nichtmehr hier
Sie hat ihr Nest gebaut
in den Klippen überm Meer
Dort, wo sich die Brandung
streitet um die Lust
Dort, wo das Wort Raum hat,
sich zu verdichten,
wo das Wort zur Sprache wird
für das Unaussprechliche*

AUFSTIEG INS MEER

Herabsank ein Stern,
heraufschwamm ein Mund
Der Morgengesang einer Rose
spiegelte sich in Augen,
deren Leuchten
webte übers Land
einen Zauber aus Himmel

*Was mir der Wind sang,
als er sich suchte
eine Gespielin
für die Nacht,
das tanz ich dir
unterm Flügelschleier
als erstes Wiegenlied*

*Unterm Flugsand der Zeit
wohnt das Lachen der Dinge
und legt sich
in feinen Ringen
um eine unzerstörbare
Achse aus Licht*

Umarmt von Träumen

Gedichte

Annette Christener-Ayasse

Erschienen Juli 1983
138 Seiten. ISBN 3 9053 7601 6
Sfr. 10.–/DM 12.–

Erschienen März 1985
112 Seiten. ISBN 3 9053 7602 4
Sfr. 10.–/DM 12.–